LA ADVERSIDAD

Sergio Rodríguez Jiménez

COLECCIÓN ITES

LA ADVERSIDAD

© Sergio Rodríguez Jiménez
© de esta edición: Olé Libros, 2024

ISBN: 978-84-10053-69-4
Depósito legal: V-3106-2024
Impreso en España

KALOSINI, S. L.
Grupo editorial olélibros
equipo@olelibros.com
www.olelibros.com

[...] el cómo qué sencillo, qué fulminante el cuándo!

César Vallejo

PODER

La política viste con rodajas el mundo,
pero el desnudo casi eterno de las ideas
viaja en el corazón que rebanan los astados,
permuta su estación tan solo en el horizonte.

La política empieza su mitad entre escoplos,
entre bagajes de una obra ávida y zurda,
pero termina su pretérito ya afligida
por acólitos faltos de una alarma perenne.

¿Es zurdo aquel contorno sin domingos ni estirpes
que resbala por nuestra hélice confortable,
por nuestro anaranjado café de calles átonas?

¿Es estricto aquel ímpetu tras eras, tras pueblos
cojos donde andar siempre ha sido un bemol inmóvil,
un compás preterido bajo el burdel del frío?

Los ricos fagocitan con pátina el crisol
de las mujeres que no bordan piernas esdrújulas
más allá del umbral umbilical, más allá
de aquellos que no mugen bienestar sobre un púlpito,

mientras los pobres inauguran con rezos crasos
el concierto de todas las órbitas, de cruces,
de todos los solsticios que fingen ser centenas,
palíndromos, retazos, himnos bajo un aullido.

ENTRAÑAS

Bebo un café con hielo y los portales
donde se cobra el alma van despacio
diluyendo su espera entre el barbecho
de los colores, de las fugas, entre
la carente codicia de las horas,
y hacia el puerto paciente que el tumulto
tiene abierto en sus pechos, en sus ojos,
van arribando lúbricas barcazas,
veleros de vestigios imposibles,
pecios donde el conjuro se corrompe,
infundios transatlánticos a un ritmo
inmarcesible que el dolor no educa,
que el espíritu nunca preveía
cuando nacimos, cuando perpetramos
nuestra deriva diminuta, nuestra
predicción de resuello adolescente,
nuestra porción sin senectud sonora,
cuando osamos abrir un otro informe,
un otro al que no llega el oleaje
porque nadie es capaz de predecir
cuándo el murmullo se abrirá al rocío,
cuándo la travesía fue distinta,
cuándo florecerá otro dios con hielo.

Seísmo

¿Qué hacer si no le caigo bien a alguien?
¡Yo, que he cruzado lirios y texturas!
¡Yo, que he nadado esquinas y rescoldos!
¡Yo, que en verdad no sé para qué valgo!
Si encima no le caigo bien a alguien...
¿Quién va a ofrecer cariño a las avispas?
¿Quién será un servil moño de las vides?
¿Quién podrá alzar si no responde casi?
Parece entonces que el amor resbala,
que el demonio va al baño de improviso,
que hay tres bordes de limbo y dos de gloria,
y uno de rostro y otro de gangrena,
porque si al fin no caes muy bien a alguien,
hay estirpes que tuercen el ocaso,
y palacios que gastan sus porciones,
e imperios sin mendigos y sin brujas,
cien civilizaciones nos sucumben,
nos fragmentan, nos cazan, nos rechinan,
inocuan nuestro alfil arcano, nuestro
imaginario orbicular, ignoto,
nuestro boceto de alma nacarada!

Fe

¿Por qué seguimos anhelando el cielo?
¿Por qué una vida eterna más allá
de esta luz, de esta pausa, de este instante?
¿Por qué creer ayuda a ser valiente,
a bordar los escombros del destino
con puntadas que finjan ser derrotas?
¿Por qué en algunos surcos del espíritu
se siembra cereal imaginario
y crece como un ritmo de nosotros
y se cosecha en el altar del mundo?
¿Por qué nadie descifra ni responde
ni traduce ni escancia ni contempla
ni se retroalimenta con bordillos
ni desciende por golpes de esta calle
ni parece que escindan sus vertientes?
¿Por qué hace falta un son entre luciérnagas
y tu anclaje entre un dios sin contraluces
y una trama al final de los matices
y un esbozo de córvidos que giman
y nuestro afán por lo abismal, lo débil,
y una espiral alrededor del viento?

GRIETA

... y si estamos aquí para aprender,
¿por qué el dolor nos imagina tanto?,
¿por qué no hemos previsto su trayecto,
su envoltura implacable, su sacrílega
intususcepción verde, y esa jónica
condición de exudar su propia cumbre,
de hablar un territorio que no somos,
de atravesar aquella exigua calle
donde sobrevivían nuestros charcos?

... y si estamos aquí para entender,
¿por qué es indescifrable el jeroglífico
de los días angostos, de las noches
cuya fragilidad no se derrota,
por qué parece que la espera abrupta
por eso que carece de remedio
nunca cruza hacia el flanco transparente,
hacia el altar más líquido del agua,
hacia la vez más tímida del odio?

GALANTEO

Una mujer contempla bien a un hombre
y lo vota a dos juegos claroscuros,
y lo sorbe a diez séquitos turgentes,
y lo escancia en cien barcos sin maleza.

Una mujer contempla cuanto un hombre
puede permanecer deforme, oblicuo,
mastuerzo y sin posible clima, dúctil,
poroso, beis y en fin... meteorológico.

Porque si una mujer advierte tarde
que sus gónadas blanden irrisorias
fachadas más allá del sol de un hombre,
el destino del aire será un flanco,
y el matraz de su estancia será un culmen,
y la mitad de su esperanza un lucro,
y la importancia de su sed un grito,
y una llanura el fin de su mirada.

Porque... ¿qué puede hacer un hombre solo
y solo su emoción y solo un páramo
y un discurso, una salva y un compás
y solo la retórica de un hombre
girando siempre alrededor de un día,
de un aquelarre, de la falda muda
de una mujer que lo trasciende casi,
que casi lo edifica como a un baile?

INTRIGA

¿Qué futuro le aguarda a lo que amamos?
¿Por qué nadie conoce lo que ocurre
hasta que finalmente brota? ¿Dónde
germina la estación de la memoria?

Estimada marea... y estimada
penumbra hasta nombrar lo no evidente...
¡cuánto hay que hollar al fin para encontrarte!,
¡qué poco se eterniza eso que vemos
más allá de las fraguas preteridas!

Y sin embargo... aspiro en ocasiones
el humo refractario de lo estéril,
de las fallas, el frío esfuerzo, el soplo
gris de los sortilegios más tardíos...
y nunca sé lo que al final descubro.

Nunca atañe la sed a lo volátil,
la rama a la raíz, la gota al culmen
de una tormenta mientras el ser tiempo,
secuencia, plano astral, incertidumbre...
casi es un craso ritmo de pavesas.

Porque vivir es una intriga rubia,
aledaña, cursiva y no sin sístoles,
no sin escombros dignos, no sin vanos
enjambres que desmiembran la distancia.

EVASIÓN

¿Qué abrigará lo pálido del mundo?
Noto en el ritmo rasgos de tormenta
y nos es frágil descifrar el frío,
traducir la fortuna, imaginarse
como incógnitas cojas de un destierro
donde para lo débil no hay recodo,
para el vértigo no hay acantilado,
para el fragor no hay nunca amor sin brasas,
para los ojos glabros de una nube
no hay llanto más desierto que la lluvia.
¿No es nube ya la nube que no llueve?
¿No es vida la batalla sin heridas?
¿Cuánto he de sollozar para ser alguien?
Prefiero la evasión, prefiero el rostro
que maquilla las sombras de estar vivo
soslayando la sed de la distancia.
Somos presos de haber nacido, casi
encauzados a un juicio sin plausibles
epílogos ni flecos ni descuentos
ni redobles ni estrépitos honrados.

GRITO

No sé por qué la vida zarandea
nuestras miradas como tensos árboles,
como vestigios de algo que se oxida,
no sé cómo domar la causa insigne
que quiebra nuestros hábitos de eslora,
nuestra costumbre de marea atávica,
y es que este océano sin letras púdicas,
sin dejes de cordajes inocentes,
golpea entre su trueno y su horizonte,
entre su altar, su escorzo y su miseria,
y nosotros... ¡qué pronto, Dios, qué pronto
volcamos la expresión hacia el vacío,
desnudamos la voz con nuestras manos
y no encontramos nada ya que oculte
el grito que se extiende entre la niebla!

Respuesta

Algunas veces, cuando todo inunda
sus tendencias marchitas, sus acordes
de bruma putrefacta alrededor
del corazón en que resido, cuando
todo anuncia su pozo indiferente
alrededor de la ciudad... y el día
en que mi voz se posa como un pórtico
revierte su acritud engalanándose
de lluvia hasta el final de la mirada...

Algunas veces, cuando todo rema
hacia las olas de una calma frágil,
hacia el frío que oculta algún deseo
y lo recóndito del alma aflora
como un rincón de ancianos impasibles,
cuando nada es sereno y todo es ubre
alrededor del mundo que el vacío
penetra como poseído a veces
por algún huracán que un Dios ha ahogado...

... contemplo el horizonte de la vida
y me pregunto y no descubro nunca
el umbral abismal de la respuesta.

VISIÓN

Me hallo inmerso en el mar del universo.

Convivo con visiones que me otorgan
la paz del sol y la inquietud del frío.

Nado entre el bien y el mal que van aunando
heridas y sonrisas en el rostro
fugaz de mi existencia irrelevante.

¿Qué cosas hay que no conmuevan siempre
mi sed de luz, mi sombra casi hambrienta,
mi estatura incapaz, ya erosionada
por el salitre eterno de la vida?

Paseo entre las fauces de lo estéril
procurando aplacar la suave pugna
entre los días libres y las noches
presas que tejen nuestro territorio,
ese que escribo y que tú lees sin cúspides.

Porque las notas hondas e imposibles
que jalonan de estrépitos el mundo
proceden de las cumbres silenciosas,
de las zanjas más fieles e imprevistas,
de las risas más suaves e inocentes,
de los labios que no amanecen nunca.

Trenzas

¿Por qué iba yo a nacer si no es por algo?
Hay calles que no añoran senectud.
Parece en esta voz que no me indulto.
¿Cuánto voy a esperar de ser valiente?
Es rocío el final de la distancia.
Este día, esta tarde, este mojito.
Siempre hay ratos que hielan lo importante.
Un vodevil regresa a mis adentros.
¿Dónde resonarán mis reverencias?
La vida es solo la mitad del mundo.

¿Por qué iba yo a soñar si no es tu risa?
Hay lustros empeñados en ser causas.
Parece que la urdimbre no me esconde.
¿Cuánto vas a entender si no traduces?
Es respuesta el umbral de una pregunta.
Este gris monumento, este jaleo.
Nunca hay sombra que ignoren las memorias.
Un sainete despunta en mis escorzos.
¿Dónde masticaré tus soledades?
La muerte es el reverso de la bruma.

CRUELDAD

Lo cruel vaga por las calles huecas
de las cosas, quizás entre el redoble
y el boato que escancia el protocolo,
como al final la sociedad vigente
establezca que deban inmolarse
las sonrisas que ignoren el sistema.

La crueldad pasea por pasillos
donde se finge el surco de la risa,
donde la gente siembra por contrato
mientras la sociedad se inhibe luego,
mientras solapa el grupo lo más turbio,
lo más grave, lo más atroz: el frío.

Lo cruel nieva en curvas oleadas,
ladra en torno a la oveja más diurna,
barrita como una pared sin trompa,
se oculta bajo el ritmo más plausible,
se disfraza de acólito volátil,
de estrépito promiscuo, de palabra.

La crueldad se aburre con lo esmeril
que pule el histrionismo, con lo dulce
que se erosiona fácilmente, casi
a punto de estrellarse contra el borde
de lo más horizonte, lo más puro,
lo más procaz, lo más de pie: lo débil.

Rutina

¿Qué puedo hacer por la rutina que ella
no pueda por mis cóncavos murmullos,
por mis sueños opacos, por mis sórdidas
rutas hacia lo igual?... las mismas noches,
los mismos días... si la siembra es fértil,
¿mejor si es aburrida?, ¿lo común
es más sabio?, ¿lo simple, lo sencillo
acaba siendo lo que más madura?

¿Qué puedo hacer por el azar que no haya
fluido ya de algún otro portal,
que no haya huido ya hacia alguna calle,
hacia otra magnitud en esta misma
incursión de personas que se inhiben,
que se cruzan, que nunca se descubren,
que acaban siendo estiércol en el campo,
briznas entre penumbra, esquinas verdes?

¿... Y es esta permanente indecisión,
esta entropía casi infiel, dolosa,
la que hace más distintos a los cuerpos,
más distantes, más rotos, más remotos,
y más denso su alcohol y más secreta
su fórmula de mil constelaciones?

VINO

Esta copa de vino me comulga
con la vida profusa que he llevado
hasta ahora. Las nubes invadieron
esta tarde de octubre —tras la plaza
mayor que un día imaginé dormida—
los sueños que hace tiempo me destierran
en una suerte de vejez de alambre
llamada a ser ya siempre solo a veces.

Esta copa de vino me despide,
me hace sangrar al ritmo de una rosa
que se marchita al contemplar su nombre
verdadero. La anciana que me dio
la flor de tu recuerdo nunca supo
que iba a pasarme todo aquel otoño
rememorando un ímpetu prohibido,
flotando en una balsa abandonada.

Esta copa de vino nos desnuda,
diluye lo que nunca se nos vierte,
erosiona la sed de donde estemos,
confunde el rumbo sin sus noches lentas,
devora hasta el final su instinto frágil,
su cadencia tras vértices oscuros,
su encono, su romance refractario,
su relato de cúspides tardías.

SOMBRA

Si alguien pudiera contemplar el rostro
espectral que me estalla cuando pienso
en esta vida como en una sombra,
si alguien pudiera sonreír sin nubes
y tomar como un chiste este terrible
sendero que la vida nos obliga
a cruzar cada día, en cada pugna,
en cada callejón desierto, en cada
mirada casi a punto de gastarse,
si alguien pudiera hallar algún motivo
que justifique esta batalla eterna
entre el hombre y su propia adversidad,
entre el hambre y su propio terror blanco,
entre la sed por maquillar un túnel,
por descifrar un rumbo intermitente,
un hogar gris de maniquíes mudos,
y una salida que al final se esconde,
que nunca acaba por imaginarse...

Problemas

Si no tengo problemas..., ¿qué hago entonces
con mi vida?, ¿qué puedo hacer sin una
causa que dé sentido a mi existencia?
Así ocurre con jóvenes de ahora:
siempre han tenido tan pocos obstáculos
que ignoran el motivo de sus vidas.
Enloquecen así... se vuelven frívolos.
Los problemas te enfocan hacia varias
direcciones, moldean el perfil
de tu carácter, dan un rumbo fácil
a tus sueños, con ellos sabes cuándo
no tomar decisiones que vacíen
la trayectoria natural del frío.
¡Ponga usted un problema alrededor
de su aburrido firmamento y vea
cómo las nubes le hacen añorar
la claridad de antaño, cómo el ansia
obliga a que maduren frutos verdes
en el jardín de su alma, será usted
un ciudadano más consciente, un hombre
merecedor de cálices distintos,
una mujer más digna de sí misma!

REENCUENTRO

Reencontrarse con alguien que hace treinta
años que no veías. Y no ser
capaz de articular palabra alguna.
Y la noria que sigue alzando días,
convocando arrecifes para abrirse,
iluminando vértices latentes,
al borde de conjuros rutinarios...
y la vida que nunca cesa al fondo,
en el pulso secreto de las cosas,
más allá de recónditas raigambres
hasta un final sin finas mansedumbres,
sin fechas que merezcan su recuerdo.
Ya todo queda dicho en la mirada,
en la mitad de la fracción de un trazo,
en el altar capcioso de algo liso,
entre la inmigración de los albores,
entre la paz que imaginé incapaz,
tras el perfil en que perdí la fe,
tras aquello que nunca se recuerda,
en los recodos lívidos del mundo.

AROMA

Huele a ventana inmóvil, a sed roja,
a soterrada convención de acólitos,
a balsa imaginaria, a colectivo
hábito de planetas y desórdenes
varios en torno a un surco que conmueve,
en torno a un horizonte sin maleza,
rodeando los límites del viento...

Huele a misericordia casi obtusa,
casi aguerrida en la misión de nadie,
casi huele a batalla ya extinguida,
a intromisión difusa y fragmentaria,
parece que nos hiede a muchedumbre
en un solo individuo, a aquel tumulto
que se subleva en el rincón de un sueño...

Y el aroma que llega es vertical,
palíndromo y esfinge, octogenario
e insectívoro al mismo tiempo, fácil
deducción de un reloj que no desdice
la terrible ecuación alrededor,
el despiadado enigma, ese vacío
girando en la virtud del firmamento...!

Viejo

Te saludo en tu día, camarada
prehistórico. De ti heredé este vicio
de hilvanar nuestro surco después de otro.
Tú y yo pertenecemos a esta orden
de sastres de esa música celeste
que infesta de preguntas nuestro mundo.

¿Qué voy a hacer ahora si no estás
aquí para abrazarme, para abrir
en mis respuestas charcos infalibles,
zanjas inquebrantables, aguaceros
plenos de erudición ya extinta, nubes
cuyo significado nadie ignora,
tormentas que redoblan el espíritu?

¡Cuánto he necesitado imaginarte,
golpear con lo tuyo lo que vibra,
lo que coagulas cuando se destierra
eso de lo que somos casi prófugos,
benditos criminales de un destino
a punto de licuarse tan despacio,
casi dilucidándose en lo verde,
en lo azul del altar de una llanura!

Cicatriz

Cuando te hieren, algo se descuelga
por tu mejilla como un gran insecto
que repta hasta sorber nuestras pupilas
y desciende por hábitos deformes
y obstruye las almenas con memorias
y cavila sin rezos y sin ritos
sobre la inmensa cavidad del mundo.

Cuando te hieren, algo se desprende
de tus vértices, como un garfio insigne
que escribiera a través de nuestra sangre,
como un estereotipo tuerto y cojo
que se posara alrededor del agua
indiscutible en un hastial sin voces,
inenarrable en un portal sin luces.

Cuando te hieren, algo se desliza
más allá del paisaje vertical,
más lejos del reflejo ya inequívoco
durante inasumibles epicentros,
durante días brunos, noches zurdas,
durante cien mitades de sed gris,
durante siglos de materia inmóvil.

DOLORES

Yo, señor, soy de Segovia
FRANCISCO DE QUEVEDO

Yo, Señor, tengo siete enfermedades,
a cual más contumaz y más conspicua:
concibo el horizonte como un juego
pleno de seriedad indiferente,
contemplo la mirada de las cosas
como si al fin quisieran gritar algo,
paseo por los bordes de un vacío
en el que ya no caben más llanuras,
sueño con lo real entre las nubes
de un vuelo donde rezo sin tormentas,
pacto con el diablo por las noches
para engatusar días sostenibles,
voy componiendo un pulso entre rescoldos
de una hoguera que rueda por futuros,
voy achicando esclusas, aunque a nadie
le importe el rumbo al fin de esta avalancha...
hasta que extinga el ritmo de la vida
que me ha sido entregado como un cuadro
a un mendigo invidente, como un dolmen
a un inmigrante en medio del océano.

Fondo

¿Qué hay en el otro lado? ¿Qué hay al fondo?
¿Hay recuerdos brotando de lo lento
que rebosa la vida por los bordes?
¿Hay una excusa para imaginarte
desnuda tras los gritos de las cosas,
dormida en el esfuerzo de la niebla?
¿Hay sueños que no brillan como cumplen,
que no maquillan como se merecen,
que no saben por qué el silencio baila,
que se marean al ahogar el frío?
¿Hay materia que oír después de un día,
más allá de las cumbres de tu esfinge,
después de medio siglo de alas turbias,
al final, cuando empiezas a ser nube,
hay otro hechizo al desistir lo impuro?
¿Hay un quizás sin conocer el fuego,
un casi nunca en un hogar sin ojos,
un gerundio en mi sombra sin vendajes,
hay parece que un golpe al ser sin siempre,
sin un motivo para amar lo informe,
para abrir los elogios de una espera?
¿Qué hay en el fondo? ¿Qué hay al otro lado?

Viaje

Cuando salgas de la tormenta, no serás la misma
persona que entró en ella. De eso trata la tormenta.

HARUKI MURAKAMI

Si cogemos un tren y nos fugamos
de los tentáculos del alma es fácil
hallar una distancia entre las sombras,
comprender algo la estación de Dios,
desentrañar las intenciones mudas
y los designios puros de la tierra.
Al coger un tren vemos lo que acaba
entre las cosas, entre el domicilio
débil que abandonamos y aquel fruto
madurando en el fondo de los sueños
que vamos a buscar, como el relente
busca su sino en la raíz del día.
Al coger un tren somos lo que aguarda
tras la niebla del mundo que algo escuche
nuestro nombre al final sin asombrarse,
como salido de un alcohol desierto,
de una canción casi espectral, de un golpe
prohibido en los espejos del insomnio.
Al coger un tren fuimos eso que obra
su destino después de ser solemne
constelación de indignas certidumbres,
inmóvil desencuentro de rocíos,
agravio imaginario... mientras algo
se consume en el centro de la estima.

Disfraz

*Me avergoncé de mí mismo cuando me di cuenta de que la vida
era una fiesta de disfraces y yo asistía con mi rostro real.*

FRANZ KAFKA

Si uno fuera la hoguera que uno entrega,
si uno fuera el disfraz que uno descifra
más allá de su fiel condición de ave,
si uno fuera el cordón con que uno ata
sus alas al final de un vuelo oscuro,
al final de una espera infructuosa,
si uno fuera el problema que ha intentado
erradicar en varias ocasiones
y que nunca consigue suprimir
de su mente en penumbra, de su siempre,
si uno fuera... parece ser que el sueño
que ha logrado tener sobre su vida,
sobre el sendero injusto que se ha visto
obligado a cruzar sin investirse
de barro, de destreza olor a barro,
si uno fuera ese príncipe sin joyas,
ese infinito sin rodeos, esa
costa sin precipicios ni veleros,
esa montaña sin posible cúspide,
esos caminos que no ha hollado nadie,
esas galaxias que no han sido halladas...

NADIE

No puedo querer ser nada.
Aparte de esto, tengo en mí todos los sueños del mundo.

ÁLVARO DE CAMPOS

¡Quién soy yo para hablar de lo que he sido,
de las cosas que nadan, del recuerdo
cuando se posa tan despacio sobre
las olas apacibles de lo oscuro!
¡Quién soy yo para aconsejar si he dado
mi vida hacia la niebla varias veces,
como quien se consuela entre la lluvia
mientras los charcos brotan de sus ojos!
No soy ya casi nadie y sin embargo...
¡cuánto se oye la mar en el vacío,
cuánto se escucha el sol en el silencio,
cómo parece que las sombras brillan!
No soy ya casi nada y por tu espera
transitan aun así longevas aves,
cóncavos sortilegios, imposibles
ecuaciones de fe sin coartadas...
¡cuánto habré de aguardar hasta que el mundo
prohíba su escozor de plata, su hora
sin minutos que gritan, su alarido
vagando ebrio por la sed del fondo...!

Paisaje

Al final no parece que las cosas
por las que me detengo se disuelvan,
no parece que el cuenco de los días
retenga más nostalgia que la jungla
que voy atravesando cada noche,
cada vez que se incendia tu recuerdo.

Al final no parece que lo insomne
margine su desnudo imaginario,
complique este destino sin vestidos,
sin una multitud que se desviva
por aquello que nunca llueve. Casi
escucho ahora al dios de nuestra tarde
y rezo alrededor de algo sonoro,
procurando que el aire no se rompa,
que lo denso del frío no deshaga
las ideas, los cándidos conjuros,
las inasibles ansias de ser viento,
tierra, tormenta, órbita, universo...

Al final no parece que el designio
de los labios astrales nos ausculte,
pero el altar de este paisaje sigue
besando entre la sangre de las horas,
temblando hacia un hogar sin hemorragias,
sin desérticos cálices, sin vértices...

LUCUBRACIÓN

Al escribir no se me ocurre nada.
Hoy por la tarde nunca se me ocurre
que alguien pueda haber hecho el amor antes
en este lugar... hace poco, casi
antes de llegar yo. ¿Es imposible
que mi vecino sea un asesino,
que mi mujer me olvide por un sueño,
que esta cafetería alguna noche
haya sido el refugio de algún loco,
la sede de un aborto, de un abrazo,
de una espera durante alguna guerra?
¿Puede que vengas tú de ahogar ahora
el rostro absorto de una hermana oscura,
de algún amante exangüe, de una vida
a punto de quebrarse porque el humo
ha separado a un hijo de su madre,
ha condenado a un inocente al frío,
ha malgastado una fortuna ingente,
ha dividido a un pueblo en tres fragmentos,
en seis bosques, en nueve acantilados?
No se me ocurre que tu voz inocua
pueda ocultar que reces a los árboles,
que acaricies el sexo de las nubes,
que anheles la sonrisa del que hiere,
la boca de un encuentro incestuoso
o el fin de un túnel que quizás mastiques,
no se me ocurre que toleres bruma,
que tu vida de pronto ya no crezca,
que hayas soñado con morir sin nombre,
que la sangre no deje imaginarte,
que la herida no deje aunar tu sombra...
no se me ocurre nada, nada de eso.
Tomaré mi café y después me iré
sin dejar más vestigio que el olvido.

FRAGUA

Todo prosigue su destierro ingente,
su tierna concreción de gritos pálidos,
de látigos hambrientos, de renuncios
inoculados a la luz del frío.

Todo se afana en masticar su lumbre,
su ritmo sin pavesas que se nombren,
mientras el corazón entre las cosas
se expande por un foro de batallas.

Hay ocasiones en que un limbo brilla
más allá de los ojos de la niebla
y entonces el enjambre de las tardes
en que he estado contigo nos escinde.

¿En qué calle la vida alcanzará
su íntimo grado de cocción, su espuma
grave, su iridiscente abril, su otoño
pleno de pórticos que caen de un beso?

Hay veces en que el vértigo se aburre,
pero seguimos siempre hacia un costado
hasta que tanta sangre se despierte,
hasta que el horizonte sea nuestro.

ONDAS

¿Qué puede ser lo que no se abre dentro?

¿Es acaso ese paso cuando asciende,
esa espera si nunca nos inhibe?
¿Quién puede aunar lo que después se muestra,
compartir lo que al fin se resquebraja?

¿Y si no hay nadie y sin verdad reluce
cuanto hace tanto tiempo que responde,
allá donde reside el otro estigma?
¿Cuántas noches vacían el costado
ignoto del paisaje en el que fuimos
graves chispas, rotundos engranajes...?
¿Por qué retengo la impresión de grieta,
de eterna diaclasa al son de un muro,
al compás de una pátina que ignoro?

¿Cuánta gente hace falta en la mitad
de un ocaso, en las jarcias de un lamento,
en la fugaz erudición de un cauce,
hacia una multitud que desemboca?
¿Es este algún rescoldo, esta calima
de días, de espirales y de nombres
es el origen de una hoguera muda,
de una entropía sórdida que muge?
¿Hacia dónde caerá la fría estirpe,
el árbol de las calles solitarias,
el hogar donde el ritmo se acrecienta,
las claves de raíces que se vierten?
Mientras el horizonte nos descifra,
cuando el ocaso nos afina, ahora
que el relato parece un firmamento...
¿cuál es la luz que al fin ha de quedarse?

RITMO

¡Dancemos a la luz de los que olvidan
su rostro alrededor y su materia
alrededor y su denuedo esquivo
alrededor de un mundo sin perfiles!

¡Dancemos como un bosque enajenado,
como una hoguera pura, como un ala
que se desvive por estar de acuerdo,
por sonreír al son del horizonte!

¡Dancemos al altar de lo que escucha,
de los que atienden al dolor del aire,
mientras haya licores tras el busto
atávico en que el cauce hierve ahora!

¡Dancemos, sí, dancemos frente al frío,
frente a la adversidad, frente al relente
que nos deja la vida cuando amamos,
cuando abrigamos viento tras el fondo!

¡Dancemos, sí, dancemos como un aura
en torno a los poemas que aún brillan,
en torno a la distancia que aún vive,
en torno a la pasión del firmamento!

Gracias

Fui feliz, Señor. Aunque estaba inscrito
en tu mercado de ropajes yertos,
en tu barrio sin fuentes, sin atajos,
en tu bosque de árboles sin frutos.

Aunque viajé por laberintos sordos,
por precipicios donde la distancia
era un juego en que hierve el imprudente,
aunque nunca cejaste de abrumarme
con tus ojos sin manos, con tus uñas
impresas en los surcos de una espera,
aunque el destino me combara un día
con la maleza abstracta de una noche,
con un haz que no cesa de advertirme,
aunque lo imaginario ha resultado
ser el único puente, el baluarte
de todos los relojes y de todas
las heridas frenéticas del alba...

Fui feliz. Desconozco tu intención
de paisajes abstrusos en mi espíritu...
pero sí, Señor, fui feliz. Feliz.

Poco

¡Qué poco ansío la distancia ahora,
el sendero inasible, los volcados
y los bordes de urdimbre coagulada!

¡Qué poco surge el corazón incierto
hacia un hogar de acequias, de iracundas
latitudes sin sed que las escancie!

¡Qué poco... mientras tu reflejo encuentre
signos a los que hundir hastiales puros,
síntomas de rojiza alocución!

¡Qué poco rebobinas el destino
donde la ingravidez es ya vereda,
cuando el dolor es tu esbeltez esquiva!

¡Qué poco hay en un grito que no ahonde,
más allá del denuedo de las cosas,
su propia erudición, su propio escaño!

¡Qué poco imaginamos la mirada
de la vida posándose en el fondo,
en la raíz prohibida, en lo desierto!

¡Qué poco hay en lo espléndido y, no obstante,
cuánto hay que celebrar hasta su fruto,
hasta su pálida virtud de gónada!

EXCUSA

*No somos más
que el tiempo que nos queda.*

KARMELO C. IRIBARREN

¡Hay tantas noches en un solo mundo,
tantos días que ignoran su cobijo,
tantas miradas faltas de sordera,
tantos gritos que pierden el acopio,
la falda, los anclajes, un suburbio,
las campanas deformes de un recuerdo,
los orígenes rubios de una hora,
de medio rato, de una antigua tarde,
de una nube que añora lo terrestre,
hay tantas ráfagas de vida, tantas
sinfonías en una sola prisa,
en un momento sin pasillos grises,
normales ya, profundos y sin nombres,
austeros y sin pérdidas ni cumbres,
hay tantas llamas, tanta hoguera espuria
de ocasiones que vagan y que esperan,
de crímenes que ruedan y florecen,
como tras una noria innumerable,
como después de un baño de mil ríos,
como al final de una oración inocua!

PARADOJA

Si despierto contigo no descanso,
si descanso contigo nunca escribo,
si dejo de escribir hay algo inútil
que dejo de bordar en un momento
en que muchos instantes mueren de hambre.

Si trabajo a disgusto no despierto,
vago en el limbo inocuo de la vida,
intrigo a todo el que a menudo esconde
alrededor de los momentos libres
un ramo de violetas en el alma.

Si paseo a disgusto no trabajo,
no descifro engranajes en mis cauces,
si no paseo no hallo nunca flores
en las veredas pálidas del frío,
en los páramos yertos de una espera.

Si por la noche espero lo bastante,
recostado en la almohada de tus ojos,
hallaré en el final de todo un día
eso que no erosiona lo que escucho,
eso que no traduce mi esperanza.

DETERIORO

Oigo algún deterioro en algún arco
de alguna iglesia gris que no trasciende
en algún barrio gélido de mi alma.

Noto algún deterioro en algún filo
de alguna esfera fácil que no brilla
en algún patio débil de tu sueño.

Parece que no hay lustre en el murmullo
de la pátina eterna que no luce
en cierto cuerpo extinto de mi estirpe.

Parece que se apaga el horizonte
de la brújula densa que deshace
sus pechos fronterizos en tu acopio.

¿Cuándo surge lo sórdido de un culmen,
el alabeo de un esfuerzo inmóvil,
de una matriz, de una redoma oscura?

¿Dónde se halla el estrépito sin niebla,
sin dólmenes ni bruces ni carámbanos
que he esculpido por toda mi galaxia?

Toco hasta el fin, alrededor del templo
que nuestra vida eleva hacia un esbozo,
las plegarias de bardos sin futuro.

Ojalá

Ojalá por lo menos que me llegue la muerte,
para no verte tanto, para no verte siempre.

Silvio Rodríguez

Ojalá que estuviéramos a salvo
de las iniquidades de la vida,
pero si lo cruel ya no existiera
el bien carecería de sentido.

Ojalá que el desorden de tus besos
se propagara alrededor del aire,
pero puede que entonces no se diera
valor alguno a tu querer desnudo.

Ojalá que las ansias de ser libre
fluyan en el paisaje, aunque muy pronto
cesarán nuestras voces más allá
de los ritmos de fe del horizonte.

Ojalá que el altar que cruzas siempre,
cuando me hablas del mundo y de sus sombras,
expanda su calado hasta saciarse,
hasta bordar el sol de su estatura.

Ojalá que las minas que notamos
en las entrañas mismas del deseo
se humedezcan con risas tras la niebla
y esparzan su pasión por la galaxia!

DESTINO

*Andábamos sin buscarnos, pero
sabiendo que andábamos para encontrarnos.*

JULIO CORTÁZAR

Voy a tu encuentro. Sé que estás ahí.
Obcecada en tu hábito flagrante,
envuelta en tu espiral de sed onírica,
devorando gentíos sin maleza,
sin lugar donde iluminar el frío,
como una paz anclada en el futuro,
como algún dios que repta hacia el desierto,
hacia el rostro de algún placer poroso...

Voy a tu encuentro. Sí. Mi voz te oculta
como si hubiera regresado a casa,
a una llanura imberbe cuando llora,
a su propia escasez de no hollar poco,
como si hubiera recordado siempre
el frío que no pudo evitar, casi
abrigando su propia primavera,
a punto de quebrar en crasas flores...

Espérame... eres tú, mi arrepentida
condición de seguir imaginando
que continúo vivo más allá
de algunos versos prófugos, de ciertos
paseos que se incendian hacia el mundo,
de lo que ansiamos al final del aire,
de lo poco que dura un silogismo,
de la mitad del día en que me oíste.

Caos

Dios ha muerto.

FRIEDRICH NIETZSCHE

Todos llevamos una luna dentro.

A menudo paseo por los bordes
ebrios, por las llanuras, por las nubes
de lo que queda tras tu herida insigne.

Y me pregunto cuál es el enigma,
cuál es el entramado que nos falta
por revelar hacia el umbral del mundo.

¿Por qué es una espiral lo que carece
de huida, lo que espera marginarse,
lo que se incendia en un final sin óxido?

Nunca sabré la religión del frío,
los designios del hambre, la unión lenta
que gime entre el cariño y la penumbra.

Así respiro: infiel, inacabado,
proclive a un grito gris, a un verde viento
que diluye sus ojos en las cosas.

¿Por qué no encuentro sed en la batalla,
para qué continuar si soy ya nieve,
brisa, un caos de sintagmas sin alcance?

Todos llevamos una luna dentro.

Llanura

Dejad de respirar y que os respire
la tierra, que os incendie en sus pulmones
maravillosos.

Claudio Rodríguez

La llanura es el fin y también es el principio:
una línea extendiéndose en medio de la nada.
¿He fallecido ya? Quizás no lo sepa nunca.
Los pájaros perfilan una fiel paradoja
alrededor de los estrépitos de mi vida
y el paisaje se estrella como un grito en tus ojos,
mientras este infinito siempre nos reverbera
más allá de vestigios que gimen abrigados
por los recodos, por las ráfagas inocentes,
por el progreso ya baldío del horizonte.

La llanura es distancia, pero también tumulto
donde poder abrir el corazón del vacío,
donde hollar la matriz prohibida, el crisol sin luces
que se disuelven más allá del compás del aire...
y es esa melodía tensando los matices
el conjuro sin forma, el prudente sortilegio
en que invocamos la sonrisa encinta, en que aunamos
el mundo tal y como nos descifra, nos oye,
esculpe nuestro barro deforme hacia remotas
tardes donde rezar al resplandor de otra espera...

ÍNDICE